Nota importante:
Para la realización de algunas de las actividades de este libro,
se recomienda la supervisión de un adulto.

Proyecto de Susaeta Ediciones, S.A., con la colaboración de Alicia Pereiro, Manuela Martín,
 Juan Xarrié, Diego Ronzoni y Héctor Ronzoni
Corrección: Vanessa Mata / Equipo Susaeta
Diseño de cubierta e interiores: Marcela Grez

© SUSAETA EDICIONES, S.A. - Obra colectiva
C/ Campezo, 13 - 28022 Madrid
Tel.: 91 3009100 - Fax: 91 3009118
www.susaeta.com

102
MANUALIDADES
divertidas

susaeta

① Cajonera de escritorio

Necesitarás:

- 6 cajas de cerillas grandes
- 6 botones
- pegamento universal
- trozos de papel charol de colores variados
- 4 tapones de refresco iguales
- cartulina
- rotulador indeleble

Forra los frentes de las cajas con papeles de colores diferentes.

Con una cartulina, haz las paredes que contendrán los cajones.

Forra las paredes con trozos de papel charol de colores diferentes.

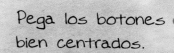

Con un rotulador indeleble, simula costuras en zigzag.

Pega los botones bien centrados.

Pega los tapones de refresco en la base a modo de patas.

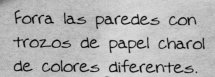

¡Y ya tienes una colorida cajonera para tus tesoros!

② Portalápices

Pega sobre la lata una pieza de cartulina del tamaño adecuado.

Necesitarás:
- 1 lata / 1 bloc de notas
- cartulina de cualquier color
- papel charol de diferentes colores
- rotulador indeleble
- pegamento

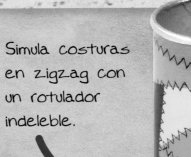

Decórala con trozos de papel charol.

Simula costuras en zigzag con un rotulador indeleble.

③ Agenda multicolor

Para la cubierta, utiliza una cartulina un par de centímetros más grande que el bloc que vayas a usar.

Puedes agregarle una trabilla y un bolsillo, con cartulina de diferentes colores.

Decórala con trocitos de papel charol.

Finalmente, dibuja líneas en zigzag que simulen las costuras.

¡Y ahora, a lucir este colorido conjunto de escritorio!

4 Caja con espejo

Forra la tapa con el peluche.

Pega el espejo en la tapa.

Necesitarás:
- 1 caja de cartón con tapa
- peluche rosa
- 1 espejo redondo
- cinta de 4 cm de ancho
- gemas de colores
- acrílico rosa
- pegamento

Pega las gemas en el borde de la tapa, la más grande en el frente.

Primero pinta el interior y el borde de la caja con acrílico rosa y luego fórrala con el peluche.

Pega la cinta desde el centro de la tapa hasta el centro de la base.

¡Una primorosa cajita para una niña coqueta!

5 Joyero

Necesitarás:

- 2 cuencos transparentes de plástico
- tela rosa
- cinta o galón violeta
- 1 rosa violeta
- velcro
- 4 gemas de bisutería violetas
- pegamento

Pon un cuenco boca abajo sobre el otro.

Pega una gema u otro adorno en la parte superior.

Decora pegando el galón en los bordes de la tela y de los cuencos.

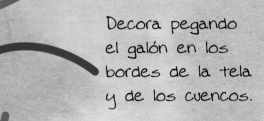

Coloca una bonita rosa de tela en el frente.

Envuelve los cuencos con una tira de tela y pégala sobre ellos.

Pega dos trocitos de velcro para hacer el cierre.

Adhiere tres gemas en la base para darle estabilidad.

Y ahora tienes un encantador joyero.

Necesitarás:

- 1 tubo de cartón (papel cocina)
- 1 boquilla de plástico roja
- gomaespuma azul y blanca
- papel roca
- témperas

- 2 tapas o vasos de plástico
- cartón de 3 mm
- pegamento

Para la cúpula, pega dentro de una de las tapas la boquilla roja y pon la otra encima.

Pinta el faro de blanco y rojo en franjas horizontales.

Pega un círculo de cartón en la parte superior del tubo.

Arruga el papel roca y pégalo a la base del faro.

Simula el mar con la gomaespuma azul y blanca.

Con este faro llevarás tus barcos a buen puerto.

7 Barco de carga

Con el tubo haz la chimenea.
Píntala de colores llamativos.

La antena es una boquilla.

Pinta con témpera las diferentes piezas.

Pega las cajitas para formar la cabina.

Haz con cartón la proa del barco.

Necesitarás:
- 3 cajitas diferentes
- 1 tubo de cartón
- témperas
- 1 boquilla
- cartón fino
- tapones de plástico
- pajitas coloreadas
- trozos de poliexpán
- pegamento

¡No olvides pintar la línea de flotación!

8 Barco contenedor

Con trozos de poliexpán coloreados, haz la carga.

Con tapones de plástico y pajitas coloreadas, haz las antenas y las chimeneas.

Pega la proa como en el barco anterior.

¡Ya tienes dos barcos nuevos para jugar!

Elefante

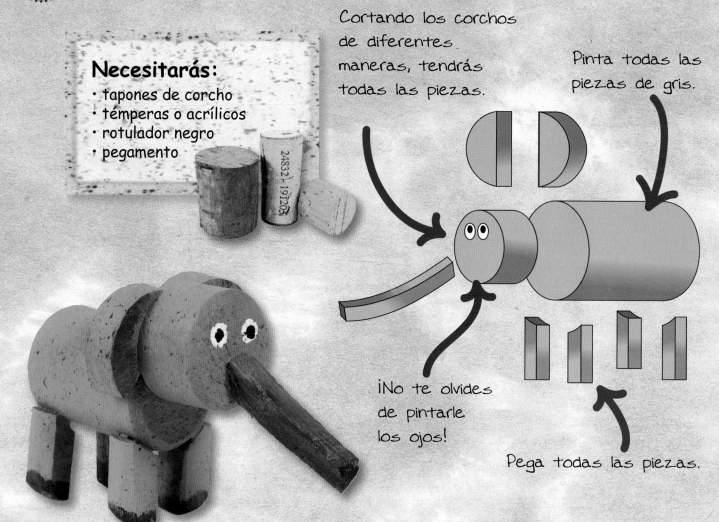

Necesitarás:
- tapones de corcho
- témperas o acrílicos
- rotulador negro
- pegamento

Cortando los corchos de diferentes maneras, tendrás todas las piezas.

Pinta todas las piezas de gris.

¡No te olvides de pintarle los ojos!

Pega todas las piezas.

10 Cocodrilo

Corta los corchos para darles la forma deseada. ¡Ten cuidado!

Pinta el cuerpo de verde y la boca de blanco.

Jirafa

Corta los corchos guiándote con el modelo.

24832 - 191205

Píntale los ojos.

No olvides hacer un cuello ¡muy largo!

Con témpera marrón, pinta las manchas de la jirafa.

Colorea todas las piezas de color amarillo como base.

Pega todas las piezas con mucho cuidado.

Tres animalitos del continente africano.

12 Pez rojo

Necesitarás:

- 2 botellas de plástico
- 1 vaso de poliexpán
- 3 esferas de poliexpán de 2 cm y 2 de 10 cm de diámetro
- gomaespuma de colores
- acrílicos de colores
- 1 percha
- hilo de nailon
- pegamento

La media esfera más grande es para la cabeza y las pequeñas, para los ojos.

La botella será el cuerpo del pececito.

Colorea de rojo todas las piezas y pégalas. Píntales manchas amarillas

Corta la base de la botella y deséchala.

Con gomaespuma, haz las aletas, la cola y la boca.

13 Pez naranja

Haz con gomaespuma las aletas, la cola y la boca.

Usa otra media esfera para la cabeza y para los ojos, las pequeñas.

Colorea las piezas y pégalas entre sí.

Utiliza el vaso para el cuerpo.

Pez multicolor

Utiliza media esfera
grande para la cabeza
y dos mitades de las
pequeñas para los ojos.

Corta la
base de la
otra botella.

Haz con gomaespuma
de colores las aletas,
la cola y la boca.

Con la botella,
haz el cuerpo
del pez.

Colorea todas las
piezas y pégalas
entre sí.

Con una percha de plástico e hilo
de nailon, puedes armar
un colorido móvil
para tu habitación.

Pajarraco prehistórico

Necesitarás:

- 1 botella de plástico
- 4 esferas de poliexpán de 2, 3, 4 y 6 cm de diámetro
- 2 tubos de cartón (de papel higiénico)
- gomaespuma fucsia
- acrílicos
- 3 limpiapipas
- cartón
- pegamento

Con la esfera de 6 cm, haz la cabeza y con las mitades de la de 2 cm, los ojos.

Con dos limpiapipas haz las antenas.

Para las crestas, usa la gomaespuma.

Usa las esferas de 3 y 4 cm unidas por un limpiapipas para hacer la cola.

Un tubo sirve para el cuello y, con cartón, haz la boca.

La botella es para hacer el cuerpo.

Para la pechera, una pieza de gomaespuma.

Para las patas, corta un tubo por la mitad y haz los pies con cartón.

Antes de pegar todas las piezas, debes colorearlas.

¡Vaya bicharraco más raro ha quedado!

Pavo

Haz la cabeza con la esfera grande y los ojos con la pequeña.

Necesitarás:

- 1 botella de plástico
- 2 esferas de 2 y 6 cm
- espuma recortable de colores
- acrílicos
- pegamento

Usa la botella, pintada de marrón, para el cuerpo.

Sobre una pieza de espuma, ve pegando las plumas.

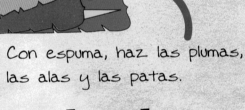

Con espuma, haz las plumas, las alas y las patas.

17 Cerdito hucha

Necesitarás:

- 1 botella de 5 l
- 4 vasitos de yogur
- acrílicos
- papel charol
- espuma rosa
- pegamento

Pinta de rosa la botella, para el cuerpo. No olvides hacerle un corte.

Con espuma, haz el rabito.

Para el resto de las piezas, usa papel charol.

Para las patas, usa los vasitos.

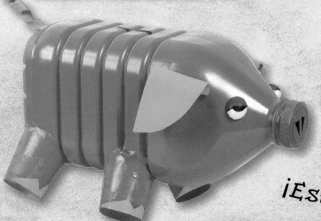

¡Esto sí es reciclaje!

18 Servilletero

Necesitarás:

- 1 tubo de cartón
- papel charol
- pegamento

Forra el tubo con papel charol.

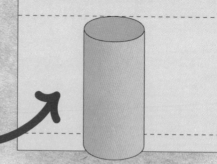

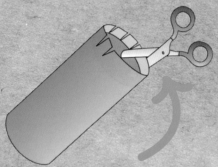

Haz cortes en el borde y pégalos hacia dentro.

Decóralo con flores de papel charol.

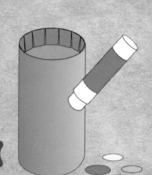

19 Molino de viento

Forra el tubo de papel charol y corta las piezas en cartulina.

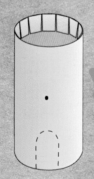

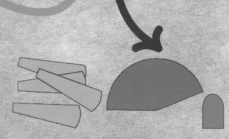

Necesitarás:

- tubo de cartón
- cartulina
- papel charol
- 1 corcho
- 1 alfiler
- pegamento

Pega el tejado.

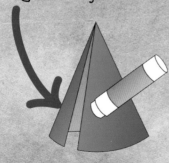

Une con un alfiler las aspas entre dos trocitos de corcho. ¡Cuidado, no te pinches!

¡Para decorar tu habitación!

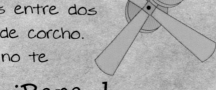

Pierrot

Necesitarás:

- tubo de cartón
- cartulina
- papel charol
- papel crespón
- aguja e hilo
- pegamento

Forra el tubo con papel charol, y corta y pega el cucurucho para hacer el bonete.

Frunce el papel crespón cosiéndolo por la mitad. ¡Cuidado con la aguja!

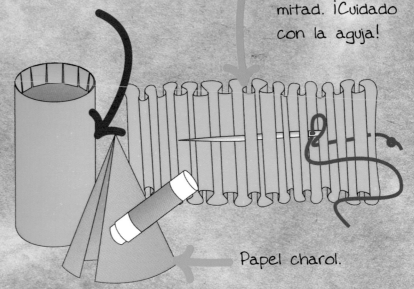

Papel charol.

Ata la tira por el medio alrededor del tubo de cartón.

¡Móntalo con mucha gracia!

Haz en cartulina un círculo, los ojos, la nariz y la boca, y monta la carita. Pégala sobre el tubo.

Y ya lo tenemos terminado. ¡Qué simpático payasete!

Caja pececito...

Necesitarás:
- cajitas de cerillas
- fieltro de colores
- pegamento

Corta el fieltro a la medida de la caja. ¡Úsala como plantilla!

Pega el fieltro a la caja.

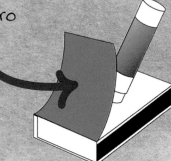

Recorta todas las partes del pececito: cuerpo, aletas y ojo.

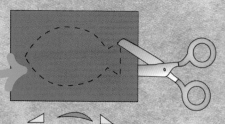

Pega cada parte sobre el fieltro de la caja.

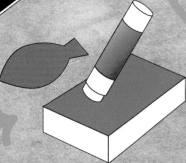

... y caja manzanita

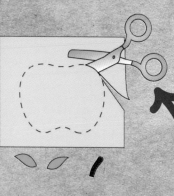

Ahora, repite cada paso para la manzana.

Las podemos usar para guardar cosas muy pequeñitas.

Pueblo

Necesitarás:

- 5 cajas de cerillas
- fieltro grueso o esponja verde
- fieltro fino de colores
- témpera verde
- 1 piña
- pegamento

Pega el fieltro fino sobre la caja.

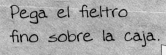

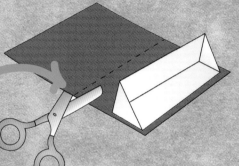

Corta un borde de la caja interior para hacer el tejado.

Con fieltro, forra el tejado.

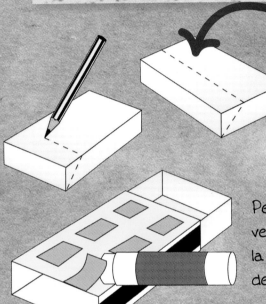

Pega las ventanas y la puerta, de fieltro.

Con una piña de pino pintada de verde, tendrás un árbol.

Pega el techo y ya tenemos una casa.

Las pegamos sobre un fieltro y obtenemos un pueblo.

24 Caballo

Necesitarás:

- cajitas de cerillas
- fieltro de colores
- cartulina de colores
- 1 chincheta
- pegamento

Corta las piezas del caballito en cartulina y pégalas.

Pega fieltro sobre la tapa y engancha una tira de cartulina según el dibujo.

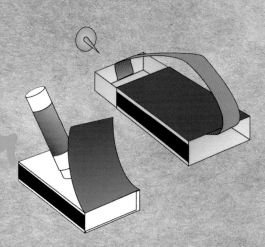

Abriendo y cerrando la caja, los animalitos ¡se moverán!

25 Gallina

Arma la gallina de la misma forma, sin olvidar el comedero.

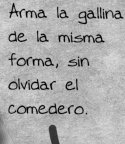

manera, tendrás dos divertidos juguetes.

Caballito balancín

Necesitarás:
- cartulina de varios colores
- pegamento

Corta todas las piezas que forman el balancín.

Haz los cortes necesarios para que encajen.

Ten cuidado de hacerlos a la misma distancia.

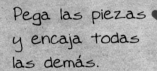

Pega las piezas y encaja todas las demás.

¡Qué gracioso balancín!

Burrito

Necesitarás:
- cartulina de varios colores
- pegamento

Corta todas las piezas que forman el burro.

Hazles los cortes necesarios para que encajen.

Pega las partes decorativas del animal y encaja todas las piezas.

Una vez terminado, tendrás este simpático burrito.

28 Jirafa

Corta todas las piezas necesarias para la jirafa.

Necesitarás:
- cartulina de varios colores
- pegamento

Haz cortes para que encajen las piezas.

Pega las manchitas y monta todas las piezas.

Esta jirafa puede adornar tu habitación.

29 Móvil piñas

Necesitarás:
- 5 piñas
- dos ramitas
- témperas o acrílicos
- cordel

Colorea las piñas.

Cuando estén secas,
ata un cordel
a cada piña.

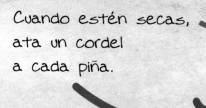

Luego ata las piñas
a las ramitas.

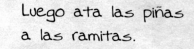

Une las dos ramitas
con cordel y arma el
móvil de manera que
quede equilibrado.

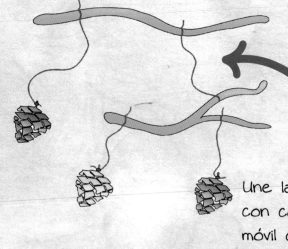

Tienes un bonito móvil invernal.

Móvil rollitos

Necesitarás:
- tiras de cartulina de diferentes colores: 24 de 7 x 2 cm y 6 de 7 x 3 cm
- 35 bolas perforadas
- cordel, hilo y aguja
- 1 palito de madera
- pegamento

Corta las tiras de cartulina

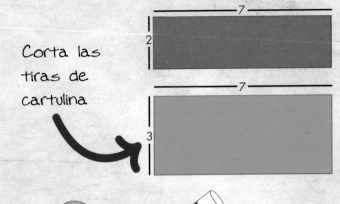

Pega cada rollito de cartulina y apriétalo con una pinza.

Pasa un hilo por una bola y enhebra una aguja con los dos extremos.

¡Cuidado, no te pinches!

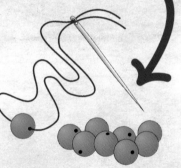

Atraviesa un rollito por el medio.

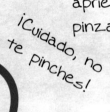

Sigue así hasta terminar una tira. Átala al palito y repite con el resto.

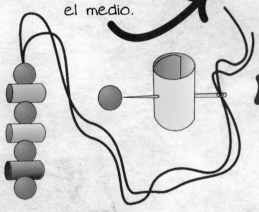

Y ahora, un móvil muy colorido y divertido.

31 Caja decorada

Necesitarás:
- cartulina de colores
- pegamento

Dibuja esta figura en cartulina y córtala. Usa una regla.

Da forma a la caja y pega las pestañas de la base.

Recorta los adornos y pégalos.

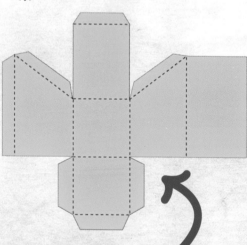

32 Caja león

Corta esta figura, pliega las pestañas y pégalas.

Recorta las piezas de la cara del león.

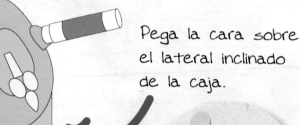

Pega la cara sobre el lateral inclinado de la caja.

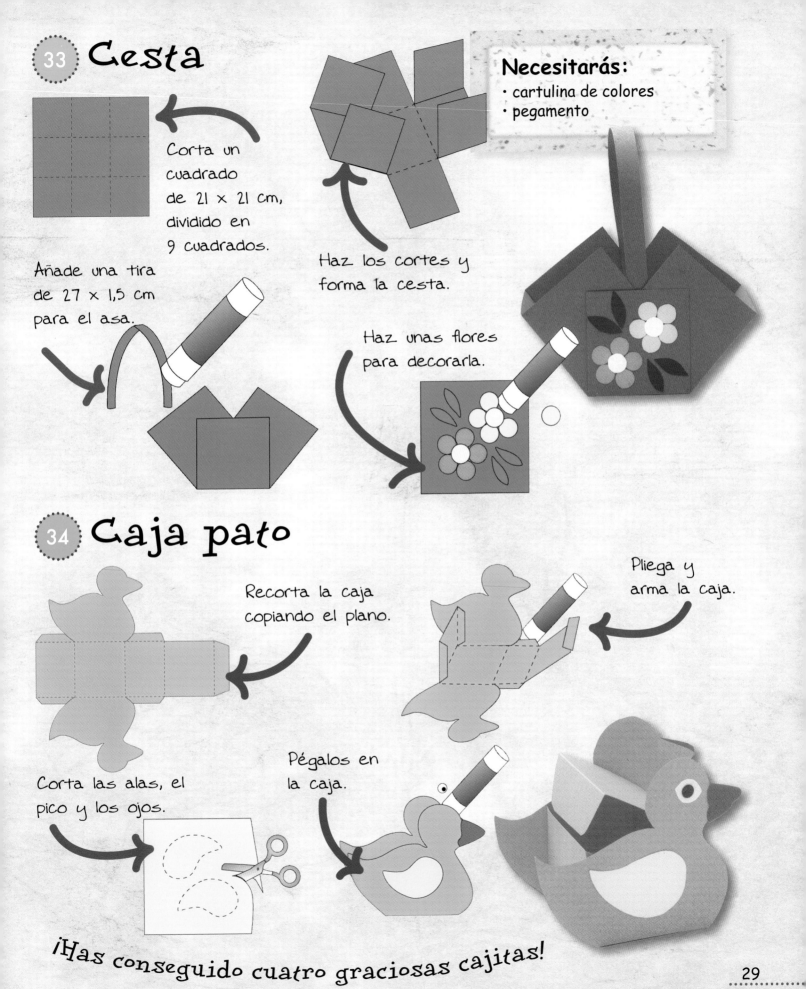

33 Cesta

Corta un cuadrado de 21 × 21 cm, dividido en 9 cuadrados.

Añade una tira de 27 × 1,5 cm para el asa.

Haz los cortes y forma la cesta.

Haz unas flores para decorarla.

Necesitarás:
- cartulina de colores
- pegamento

34 Caja pato

Recorta la caja copiando el plano.

Pliega y arma la caja.

Corta las alas, el pico y los ojos.

Pégalos en la caja.

¡Has conseguido cuatro graciosas cajitas!

35 Perrito guardián

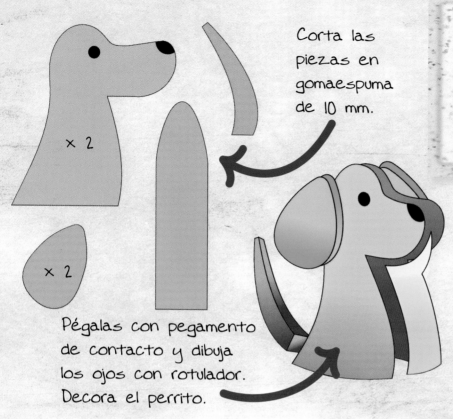

Corta las piezas en gomaespuma de 10 mm.

× 2

× 2

Pégalas con pegamento de contacto y dibuja los ojos con rotulador. Decora el perrito.

Necesitarás:

- gomaespuma de 10 mm de grosor en diferentes colores
- gomaespuma de 5 mm de grosor en diferentes colores
- rotuladores indelebles
- pegamento de contacto

36 Gusanito curioso

× 2

Corta las piezas en gomaespuma de 5 mm.

Pega la gomaespuma por el canto para que los cuerpos adquieran volumen.

Arma el gusanito y únelo con pegamento de contacto.

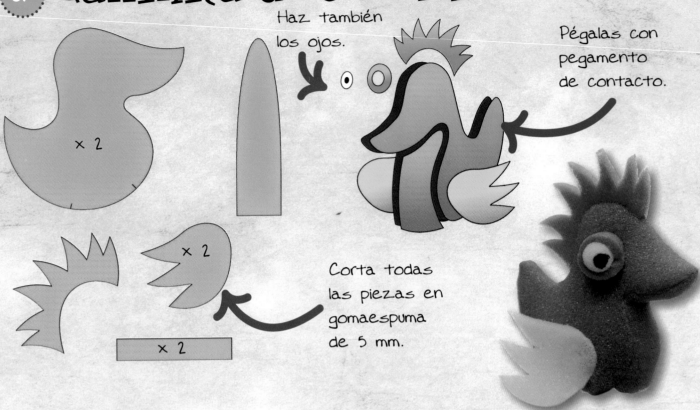

37 Gallinita de colorines

× 2

Haz también los ojos.

× 2

× 2

Pégalas con pegamento de contacto.

Corta todas las piezas en gomaespuma de 5 mm.

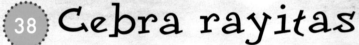

38 Cebra rayitas

× 2

× 3

Una vez armada, píntale las rayitas con rotulador.

Usa gomaespuma de 5 mm para la crin y las orejas, y de 10 mm para el cuerpo.

Ahora tienes cuatro adorables títeres de dedo.

Títere trompita

Necesitarás:

- 1 calcetín verde
- gomaespuma de 10 mm
- 2 esferas de poliexpán de 3 cm de diámetro
- rotulador indeleble
- pegamento

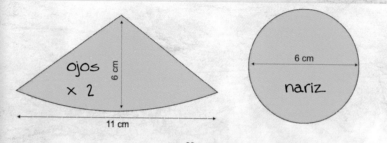

ojos × 2

6 cm

11 cm

nariz

6 cm

nariz

20 cm

4 cm

Corta las piezas en gomaespuma en el color que corresponda.

Haz los ojos utilizando las esferas de poliexpán. Pinta las pupilas con rotulador.

23 cm

1 cm

19,5 cm

pelo

Arma el títere con el calcetín y las piezas de gomaespuma.

Ya tienes un títere de calcetín muy divertido.

Títere rizos

Necesitarás:

- 1 calcetín a rayas
- gomaespuma de 10 mm
- gomaespuma de 5 mm
- 2 esferas de 3 cm
- rotulador indeleble
- pegamento

16 cm

interior
boca

8 cm

2 cm

boca

25 cm

2 cm

ojos × 2

11 cm

Corta las piezas
en gomaespuma.

exterior
boca × 2

8 cm

7 cm

pelo

1 cm

10 cm

Prepara dos piezas
para hacer el pelo en
gomaespuma de 5 mm.

Arma el títere con el
calcetín y las piezas.
¡Mira bien cómo es la boca!

¡Qué aspecto tan loco tiene este títere de calcetín!

Payaso bromista

Necesitarás:

- 1 botella de plástico
- 1 varilla de madera
- 2 esferas de 5 y 1 cm
- lana y tela
- rotuladores
- 1 calcetín
- aguja e hilo
- media de nailon
- pegamento

Haz el pelo con la lana.

Forra la cara con la media. Clava la varilla en la cabeza

El calcetín cortado es para el vestido.

Usa la botella para colocar el muñeco.

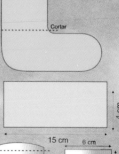

Arma el payasito de esta manera.

Pinta la cara sobre la bola grande y usa la pequeña como nariz.

Corta en tela las mangas, el cuello y el volante de la falda.

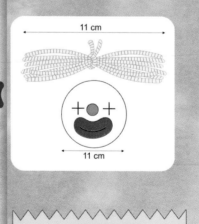

11 cm

11 cm

15 cm

15 cm

Cortar

4 cm

15 cm   6 cm

14 cm

30 cm

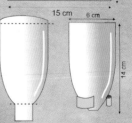

¡Y verás cómo se esconde este graciosete!

Necesitarás:
- 1 vaso de plástico
- 1 varilla de madera
- 1 esfera de 5 cm
- tela plateada, rosa y blanca
- rotuladores
- lana
- aguja e hilo
- media de nailon
- cinta ancha y estrecha
- pegamento

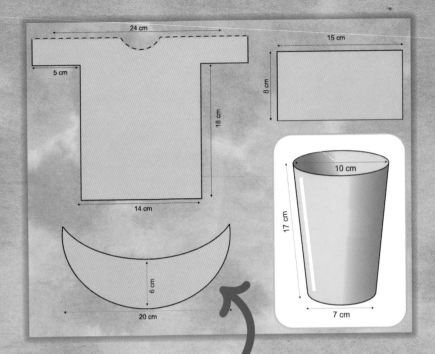

Corta las piezas en tela.

Clava la varilla en la cabeza

Hazle el pelo con lana

Forra la carita con la media y píntala.

Usa cinta para el cuello y los puños.

Usa tela plateada para las alas y blanca para el vestido.

Forra el vaso con la tela rosa.

El angelito te cuida y te saluda.

Necesitarás:

- gomaespuma de 10 mm
- gomaespuma de 5 mm
- 2 esferas de 3 cm
- espuma para rellenar la cola
- rotulador negro
- pegamento

Corta las piezas.

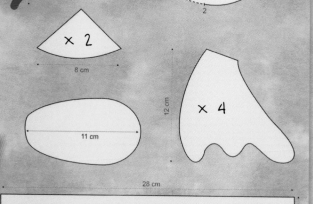

23 cm

16.5 cm

× 2

3
1
4
2

× 2

8 cm

11 cm

12 cm

× 4

28 cm

3 cm

26 cm

3 cm

Para los ojos, usa las esferas de poliexpán.

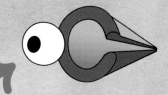

Pega la gomaespuma por el canto para que los cuerpos adquieran volumen.

Arma el pececito según este esquema.

La gomaespuma gruesa es para el cuerpo.

No olvides las terminaciones.

Usa la gomaespuma fina para las aletas.

¡Que disfrutes con tu nuevo pez!

Necesitarás:

- gomaespuma de 10 mm
- gomaespuma de 5 mm
- 2 esferas de 2 cm
- acrílico o témpera
- rotulador negro
- muñequilla
- pegamento

La espuma de 5 mm es para las terminaciones.

Colorea con una muñequilla la estrella de manera veteada.

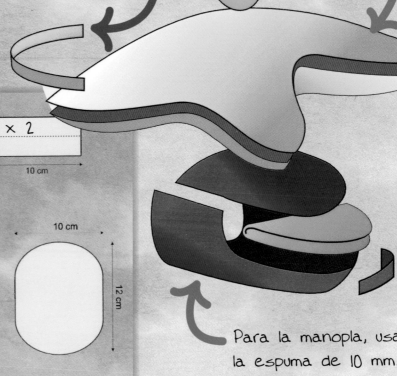

× 2

× 2

4 cm
10 cm

26 cm
25 cm

10 cm
12 cm

13 cm
10 cm
16 cm
7 cm

13 cm
10 cm

Para la manopla, usa la espuma de 10 mm.

Corta todas las piezas. No olvides tiras de 1 cm para las terminaciones.

Y en el fondo de los mares tropicales, encontrarás muchas más...

Necesitarás:
- 30 cm de arpillera
- 15 cm de fieltro rojo
- 15 cm de fieltro blanco
- hilo sisal
- hilo negro
- ojitos de plástico
- pegamento

× 2   13 cm

18 cm   9 cm

16 cm   8 cm

7 cm   14 cm

7 cm

5 cm   × 2   8 cm

23 cm   × 2   25 cm   Tela doble

17 cm

6 cm   × 2   12 cm   6 cm

8 cm

Corta cada pieza en el material adecuado.

Cose con el hilo negro.

El pelo es de hilo sisal.

Para la chaqueta: fieltro rojo.

Retales para los remiendos.

Para el sombrero y el vestido: arpillera.

Fieltro blanco: manos y cabeza.

Para jugar y divertirte, mueve a este gracioso espantapájaros.

46 Pingo, el pingüino

Necesitarás:

- 30 cm de peluche blanco y negro
- 10 cm de fieltro naranja
- 5 cm de fieltro rojo
- 2 ojitos de plástico
- guata, aguja e hilo
- pegamento

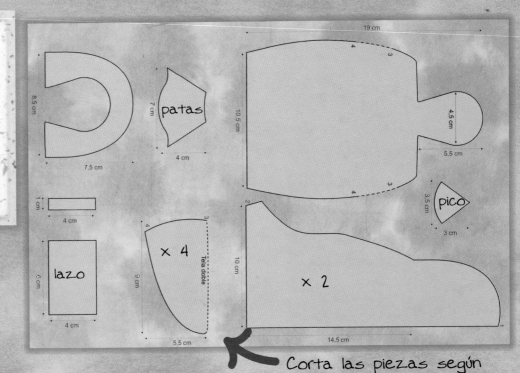

8,5 cm

7,5 cm

7 cm · patas · 4 cm

19 cm

4

3

4,5 cm

10,5 cm

5,5 cm

4

3

pico

3,5 cm · 3 cm

1 cm · 4 cm

2

10 cm

6 cm · lazo · 4 cm

× 4 · 4 · 9 cm · 3 · Tela doble · 5,5 cm

× 2 · 14,5 cm

Rellena el pico con guata antes de coser.

El peluche es para el cuerpo.

Corta las piezas según este patrón.

Pega los ojitos de plástico.

Haz con fieltro las patas, el pico y la pajarita.

Desde el Polo Sur te hemos traído este lindo pingüinito.

El rey Mateo

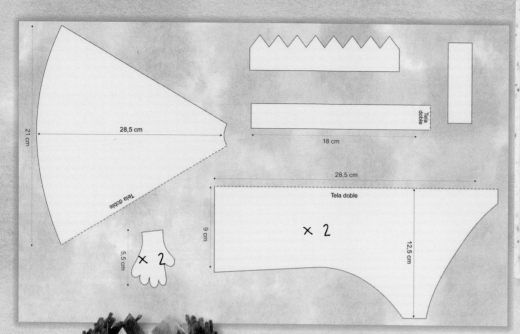

Necesitarás:
- 1 esfera de poliexpán de 10 cm
- media de nailon
- hilo
- tela de diferentes colores
- 2 gemas amarillas
- 1 círculo de madera
- 4 palillos de brocheta
- lana azul
- cartón dorado
- rotulador indeleble
- pegamento

28,5 cm

21 cm

5,5 cm

Tela doble

× 2

18 cm

Tela doble

28,5 cm

9 cm

Tela doble

× 2

12,5 cm

Con cartón dorado, haz la corona y añade una de las gemas.

Forra la esfera con la media y haz la cabeza. La lana es para el pelo.

Usa las telas para la ropa.

Para el bastón: dos palillos, cartón dorado y el círculo de madera.

Usa dos palillos para el movimiento.

Este rey tan elegante sale siempre triunfante...

La reina Alexandra

Necesitarás:

- 1 esfera de poliexpán de 10 cm
- media de nailon
- hilo
- tela blanca
- lana naranja
- 2 palillos de brocheta
- peluche blanco
- puntilla blanca
- cartón dorado
- rotulador indeleble
- perlitas
- pegamento

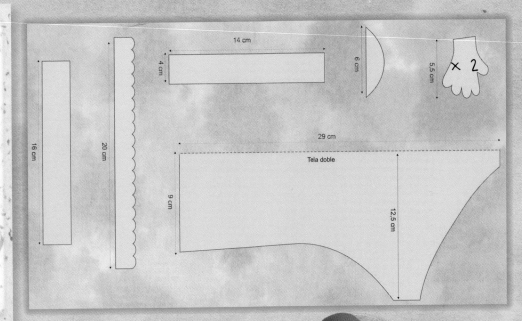

14 cm

4 cm

6 cm

5,5 cm

× 2

16 cm

20 cm

29 cm

Tela doble

9 cm

12,5 cm

Usa cartón dorado y puntilla para la corona.

Forra la esfera con la media y dibújale la cara. Con la lana, haz el cabello.

La tela blanca, para el vestido.

Con las perlitas, haz los pendientes y el collar.

Usa los palillos para el movimiento.

Para el cuello y los puños, usa el peluche.

¡Y ésta es la reina consorte!

Anotador manzana

Necesitarás:
- gomaespuma de 3 mm de varios colores
- 1 bloc de notas
- 2 cm de velcro
- pegamento

Corta las piezas en el color que corresponda.

Haz dos piezas para el cuerpo.

Une por el centro.

Pega el bloc de notas.

Usa velcro para cerrar el anotador.

¡Mmmm! ¡Qué sabrosa manzana!

Anotador hamburguesa

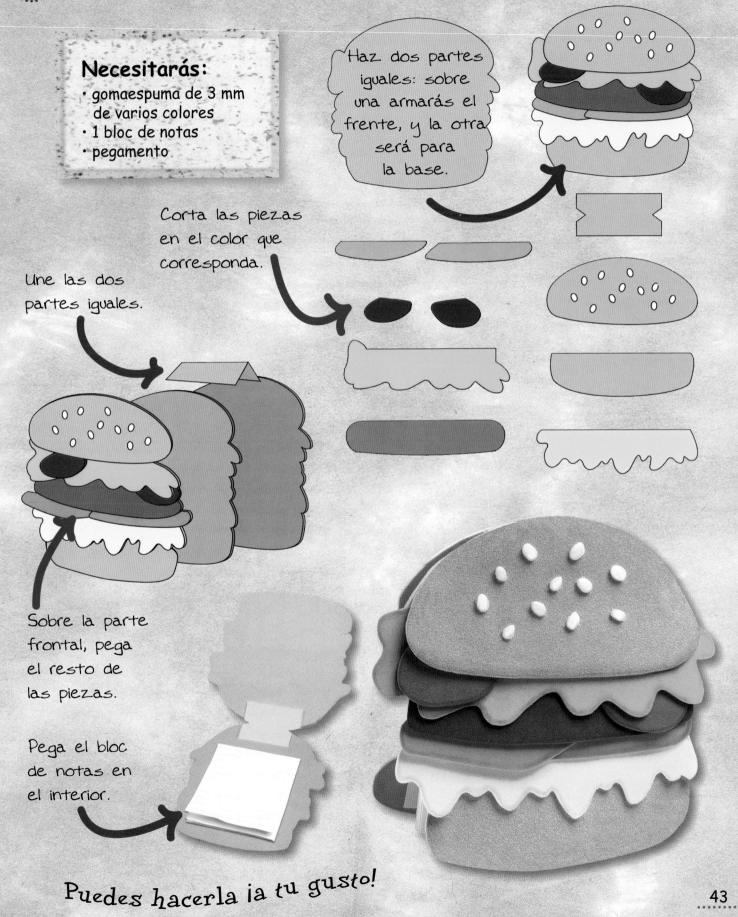

Necesitarás:

- gomaespuma de 3 mm de varios colores
- 1 bloc de notas
- pegamento

Haz dos partes iguales: sobre una armarás el frente, y la otra será para la base.

Corta las piezas en el color que corresponda.

Une las dos partes iguales.

Sobre la parte frontal, pega el resto de las piezas.

Pega el bloc de notas en el interior.

Puedes hacerla ¡a tu gusto!

Necesitarás:
- gomaespuma de 3 mm de varios colores
- 1 bloc de notas
- ojos de plástico
- cartón
- pegamento

Corta y monta las piezas pequeñas y pégalas sobre la base.

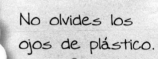

Haz esta cara de cocinero ¡o inventa una!

No olvides los ojos de plástico.

Pega el bloc.

27 cm

14 cm

Corta las piezas principales (puedes pegarlas sobre un cartón para darles más firmeza).

¡Para la cocina de tu casa!

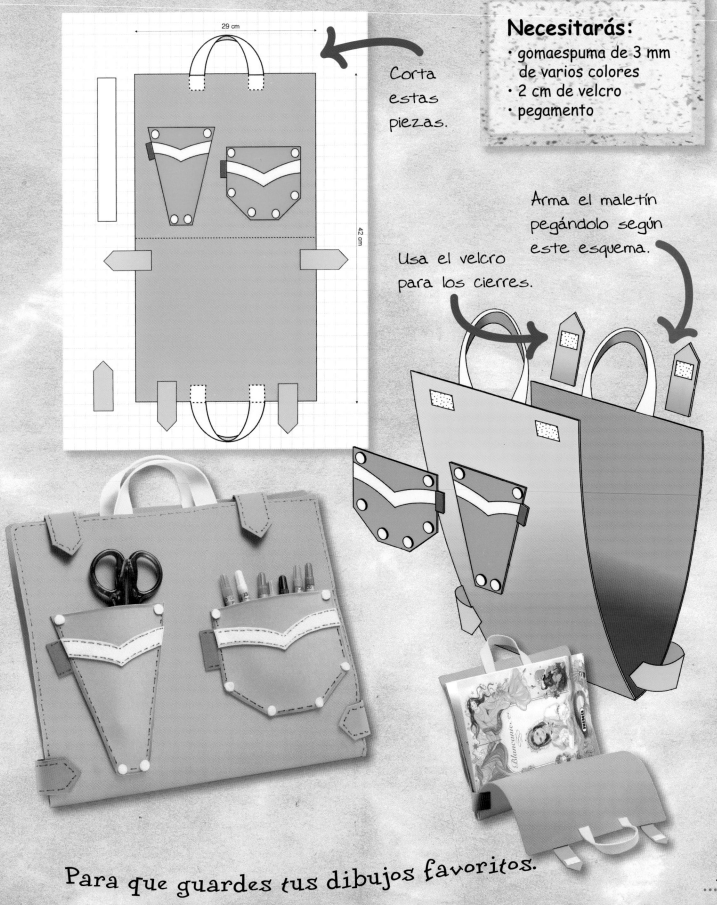

29 cm

42 cm

Corta estas piezas.

Necesitarás:
- gomaespuma de 3 mm de varios colores
- 2 cm de velcro
- pegamento

Arma el maletín pegándolo según este esquema.

Usa el velcro para los cierres.

Para que guardes tus dibujos favoritos.

Billeteras

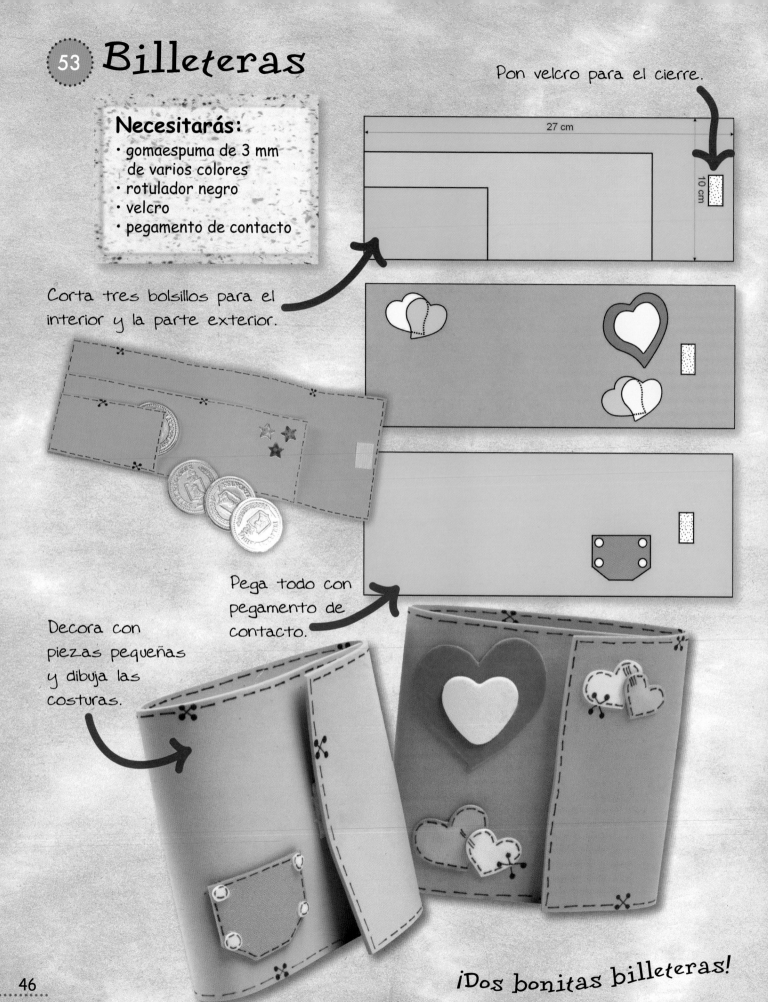

Pon velcro para el cierre.

27 cm

10 cm

Necesitarás:

· gomaespuma de 3 mm
  de varios colores
· rotulador negro
· velcro
· pegamento de contacto

Corta tres bolsillos para el
interior y la parte exterior.

Pega todo con
pegamento de
contacto.

Decora con
piezas pequeñas
y dibuja las
costuras.

¡Dos bonitas billeteras!

Móvil estuche

Necesitarás:
- gomaespuma de 3 mm de varios colores
- rotulador negro
- pegamento de contacto

Corta las piezas en el color que corresponda.

No olvides dejar la parte superior sin pegar.

Ponle una trabilla por detrás para pasar el cinturón.

Pega las dos piezas del estuche por el borde, canto con canto.

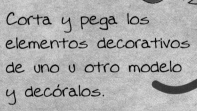

Corta y pega los elementos decorativos de uno u otro modelo y decóralos.

Escoge el modelo que más te guste y guarda tus lápices.

Necesitarás:

- 1 cilindro de cartón de 22 cm de alto
- 1 cono de poliexpán de 10 cm de alto
- 1 trozo de cartón de 8 x 8 cm
- gomaespuma de 2 mm
- papel adhesivo de colores
- velcro
- rotulador negro
- tela negra
- pegamento

Pinta el poliexpán para hacer la tapa del lapicero.

Usa gomaespuma para la base.

La base del cilindro es de cartón.

Usa gomaespuma y velcro para el cierre.

Pega el papel adhesivo sobre el tubo.

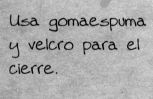

Usa el adhesivo dorado para la virola.

La tela negra es para el fuelle.

Usa gomaespuma rosa para la goma.

¡Qué portalápices más práctico y divertido!

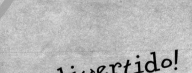

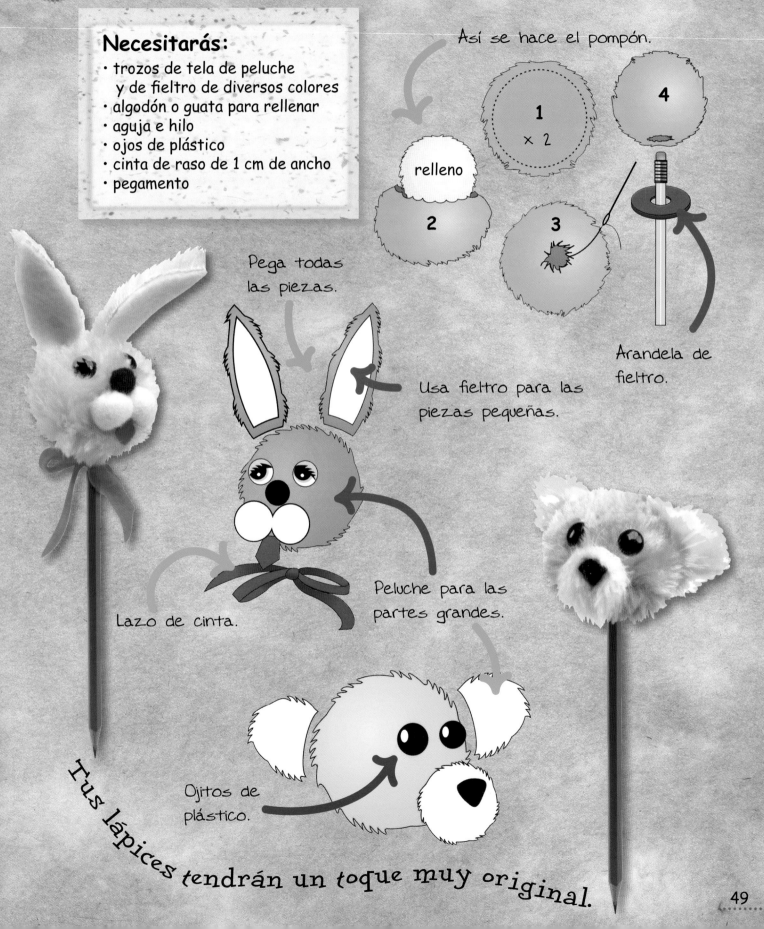

Necesitarás:

- trozos de tela de peluche y de fieltro de diversos colores
- algodón o guata para rellenar
- aguja e hilo
- ojos de plástico
- cinta de raso de 1 cm de ancho
- pegamento

Así se hace el pompón.

relleno

1
× 2

2

3

4

Arandela de fieltro.

Pega todas las piezas.

Usa fieltro para las piezas pequeñas.

Peluche para las partes grandes.

Lazo de cinta.

Ojitos de plástico.

Tus lápices tendrán un toque muy original.

Bolsito mono

21 cm

25 cm

Necesitarás:

- gomaespuma de 3 mm de espesor de colores amarillo, beis, marrón y negro
- rotulador marrón indeleble de punta mediana
- pegamento

Corta las piezas con las medidas indicadas.

Para la correa, usa una tira de 60 cm de largo de gomaespuma.

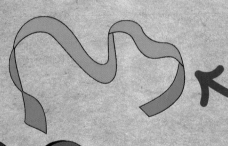

Pega las partes que forman la cara.

Pega con cuidado las dos piezas grandes, dejando una abertura entre las orejas.

Dibuja las facciones del monito.

Un bolsito muy gracioso para ir de paseo.

Necesitarás:

- cartón de 3 mm de grosor
- espuma de tres tonos de verde
- 1 plancha de poliexpán de 2 cm
- 1 varilla de madera de 8 x 2 mm
- 1 trozo de varilla de 4 mm
- 3 arandelas con 4 mm de interior
- acrílicos o témperas
- pelota de madera de 1,5 cm
- pegamento

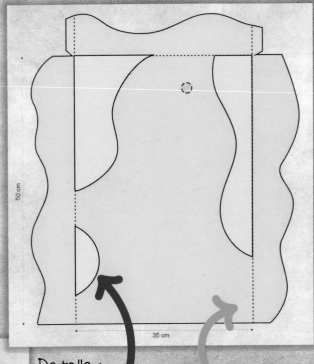

50 cm

35 cm

Detalles en espuma verde claro.

Sobre cartón, corta la estructura base.

Corta estas piezas en espuma verde del tono medio.

50 cm

Haz una perforación y pon una arandela a cada lado.

Plancha de espuma verde del tono medio.

Arma la estructura sobre poliexpán.

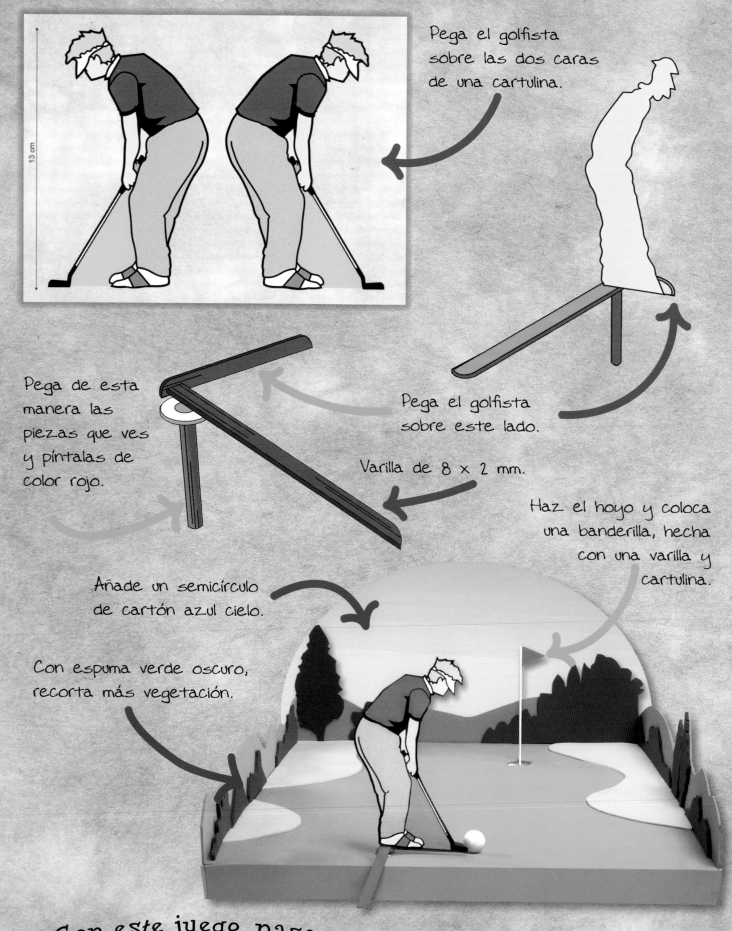

Pega el golfista sobre las dos caras de una cartulina.

13 cm

Pega el golfista sobre este lado.

Pega de esta manera las piezas que ves y píntalas de color rojo.

Varilla de 8 x 2 mm.

Haz el hoyo y coloca una banderilla, hecha con una varilla y cartulina.

Añade un semicírculo de cartón azul cielo.

Con espuma verde oscuro, recorta más vegetación.

Con este juego, pasarás momentos muy divertidos.

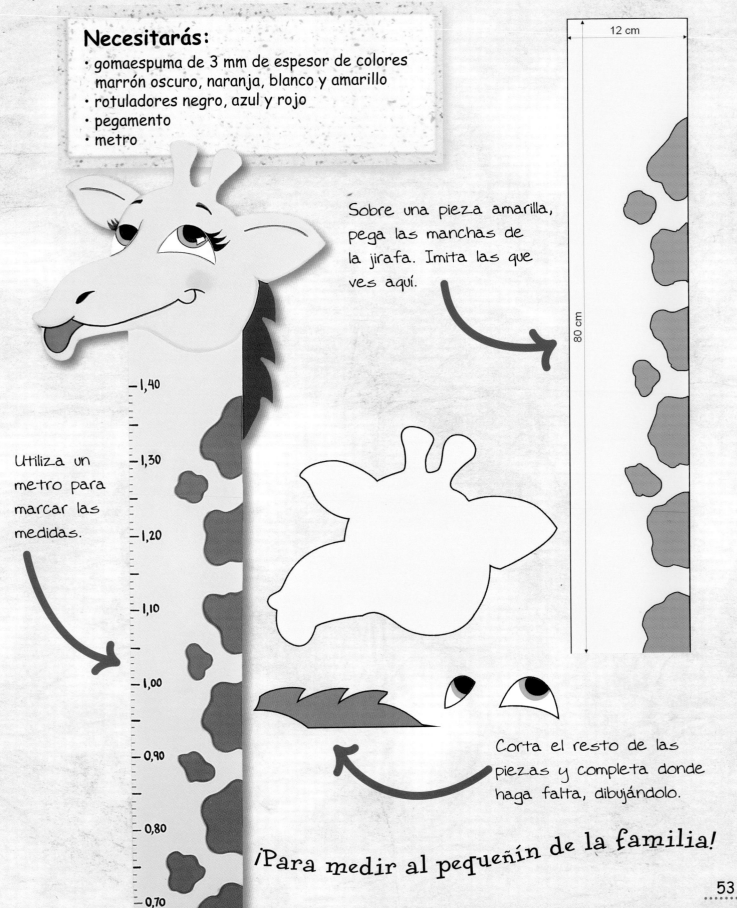

Medidor jirafa

59

Necesitarás:

- gomaespuma de 3 mm de espesor de colores marrón oscuro, naranja, blanco y amarillo
- rotuladores negro, azul y rojo
- pegamento
- metro

Sobre una pieza amarilla, pega las manchas de la jirafa. Imita las que ves aquí.

12 cm

80 cm

Utiliza un metro para marcar las medidas.

—1,40

—1,30

—1,20

—1,10

—1,00

—0,90

—0,80

—0,70

Corta el resto de las piezas y completa donde haga falta, dibujándolo.

¡Para medir al pequeñín de la familia!

Papelera cocodrilo

Necesitarás:

- 1 lata grande
- cartón de 3 mm de espesor
- 1 esfera de poliexpán de 4 cm
- espuma verde, rosa, blanca y amarilla de 3 mm
- rotulador indeleble negro
- pegamento

Corta la cabeza en cartón y cúbrela de espuma verde por fuera y rosa por dentro.

Corta las piezas en espuma.

forra las medias esferas para los ojos y píntalas.

Une las dos partes.

Cubre la cola con triangulitos.

38 cm

8 cm

Pega la fila de dientes.

Pega las placas.

Forra la lata de verde por fuera y de rosa por dentro.

Pega las patas y las uñas.

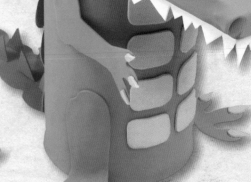

Abre la boca... y se come los papeles.

Portalápices espacial

61

Pinta y decora la lata y las piezas según ves en el portalápices terminado.

Una pieza pequeña y una ventosa de plástico parecerán un radar.

Sobre esta pieza, pega una esfera dorada.

Patas: arma con diferentes piezas de madera las tres patas.

Y tus lápices serán:
"espaciales"

A-12

Decoración:
- 7 piezas de madera de 3,5 x 0,4 x 1 cm
- 3 varillas de madera de 9 x 0,3 x 0,1 cm
- 9 varillas de madera de 4,5 x 0,3 x 0,1 cm
- 3 piezas de 2 cm de varilla redonda de 2 mm
- 3 botones de madera de 2,5 cm de diámetro
- 1 pieza de madera de 3 x 1 x 0,4 cm
- 1 pequeña ventosa de goma
- 1 esfera de madera de 3 cm de diámetro

Necesitarás:
- 1 lata de conserva
- 10 cm de papel adhesivo rojo, negro y plateado
- acrílico naranja, negro y dorado
- pegamento

55

Rino-reloj

Necesitarás:

- gomaespuma gris de 3 mm
- trozos de gomaespuma de 3 mm color naranja, rosa, blanco y rojo
- rotulador negro indeleble de punta mediana
- 1 cuadrante de reloj con su sistema de pilas
- 1 cartón de 3 mm
- pegamento
- plancha de madera

49 cm

49 cm

Corta las piezas pequeñas (cuernos, uñas, etc.) y móntalas como ves.

Detrás va el mecanismo a pilas.

Corta la silueta en cartón y en gomaespuma gris. Pégalas.

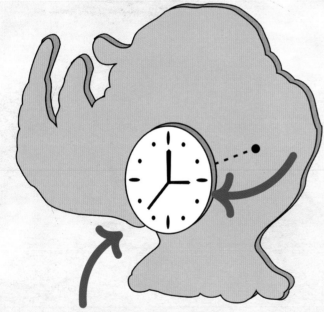

¡Ojo!: el cuadrante del reloj va por delante.

Si quieres que sea más resistente: ¡pégalo sobre madera!

Perchero morsa

Necesitarás:

- gomaespuma azul, blanca, roja y negra de 3 mm
- rotulador negro indeleble
- cartón o madera de 3 mm
- 2 soportes para cuadros
- 3 colgadores de madera
- acrílico color naranja
- pegamento

Corta las piezas pequeñas en gomaespuma.

Pon un soporte para cuadros en cada extremo, por detrás.

Corta el cuerpo en cartón y en gomaespuma azul y pégalos.

Delinea el conjunto con rotulador.

Pega las piezas principales y luego las pequeñas.

Pega los colgadores pintados de naranja.

Para decorar tu habitación.

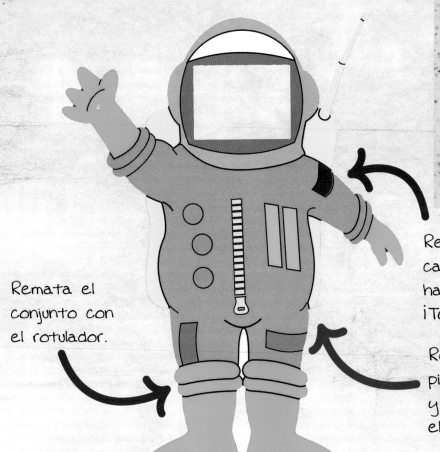

Retrato astronauta

64

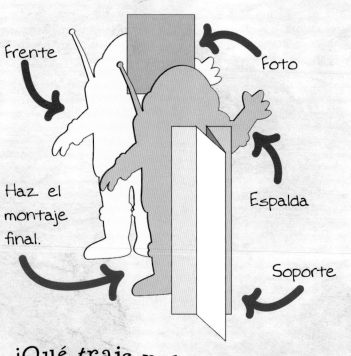

Necesitarás:

- cartón de 3 mm de espesor
- gomaespuma de 3 mm de espesor de color azul, blanco, negro, gris, verde, amarillo y naranja
- rotulador negro indeleble
- pegamento
- cúter

Recorta la silueta general en cartón dos veces. En la delantera hazle la ventana con un cúter. ¡Ten cuidado o pide ayuda!

Recorta cada pieza en su color y pégalas en el cartón.

Remata el conjunto con el rotulador.

Frente

Foto

Haz el montaje final.

Espalda

Soporte

¡Qué traje más colorido y original!

Retratos voladores

Con un cúter, corta la ventana para la foto.

¡Pide ayuda a una persona mayor para cortar!

Necesitarás:
- cartón de 3 mm de espesor
- gomaespuma de 3 mm de espesor de color rojo, azul, blanco, negro, marrón y amarillo
- rotulador negro indeleble
- pegamento
- cúter

Corta la pieza delantera en gomaespuma, así como las partes más pequeñas.

11 cm

18 cm

Corta la pieza trasera en cartón.

Corta este soporte en cartón para que quede de pie.

Haz el montaje final.

Foto

frente

Espalda

Así te quedará visto por detrás.

Soporte de aleta de apoyo

Aleta de apoyo

¡Parece que vuelan!

66 Juego de damas

Necesitarás:

- 1 baldosín blanco
- cerámica autoendurecible
- pintura para cerámica en frío
- acrílicos
- tapón
- lápiz

Haz una lámina de cerámica y, con un tapón, troquela las fichas.

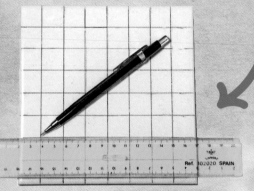

Pinta las fichas...

... y ¡ponles una sonrisa!

En un baldosín, dibuja los cuadros (ocho por cada lado, todos iguales).

Pinta los cuadros negros con pintura para cerámica.

¡Y a jugar con tus amigos!

67 Caja mosaico

Marca y corta dos trozos de cartón (que ocupen dos cajas).

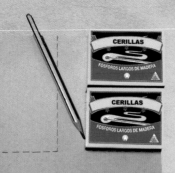

Pega las cajas sobre uno de los cartones, y en el otro haz un dibujo.

Pega las piedras de colores con cola blanca.

Pega el mosaico sobre las cajas. Añade unos tiradores de cinta de raso.

¡Ya tienes una preciosa caja de tesoros!

Para hacer el patrón, dobla un folio por el centro y dibuja media máscara.

Necesitarás:
- cartulinas
- purpurina
- témperas o acrílicos
- goma elástica
- folio
- lápiz
- pegamento

Recórtalo doblado. Obtendrás la forma deseada.

Sobre una cartulina, coloca el patrón, dibuja y recorta.

Dibuja, pinta y pega la purpurina.

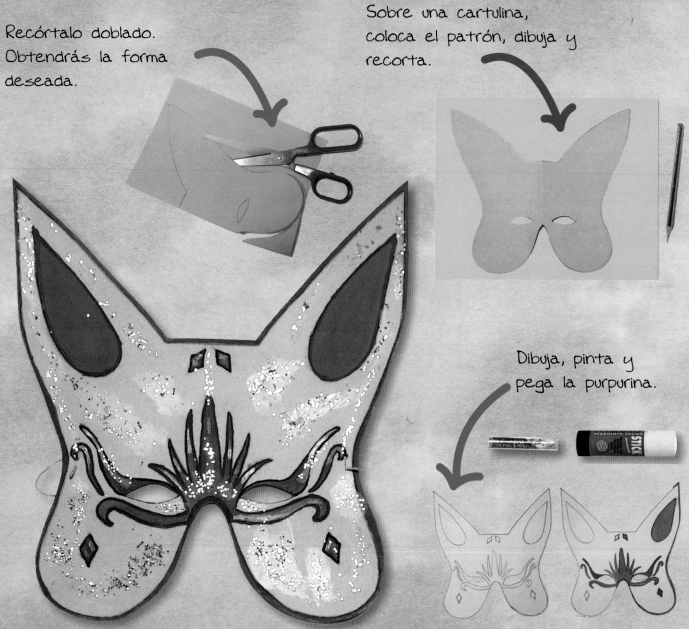

Añade una goma elástica y... ¡póntela!

Estampación en tela

Necesitarás:

- gomaespuma
- cerámica autoendurecible
- trozos de tela
- pintura textil
- pegamento

Recorta formas de hojas y flores en gomaespuma.

Sobre una tela, haz pruebas con distintos colores.

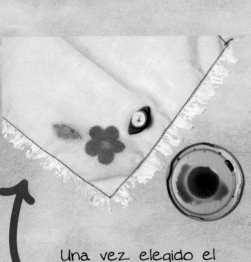

Pega sobre las formas conos de cerámica.

Una vez elegido el diseño definitivo, haz la estampación final.

Un bonito regalo para adornar tu cocina.

70 Bandeja fantasía

Pega con alkyl sobre la bandeja tiras de papel de periódico en varias capas.

Cuando esté seco, da varias capas de pintura plástica blanca.

Haz varios pliegues con papel de seda y corta las hojas y los pétalos.

Da una capa de alkyl y pégalos.

71 Tarjeta en relieve

Con la cartulina doblada, haz un corte y dobla los picos.

En el centro del pollito, haz un corte igual al de la tarjeta y que coincida con éste.
Pega los detalles.

Dobla la cartulina por la otra mitad y saca el doblez hacia fuera.

Recorta las piezas del pollito en papel charol.

Tendrás una bonita tarjeta

Manzano enmarcado

Necesitarás:
- barniz sintético
- pasta de sal
- témpera

Pasta de sal:
- Mezcla 2 tazas de harina, 1 de sal, 3/4 de agua y una cucharada de glicerina.
- Mezcla bien y amasa hasta obtener una pasta suave y elástica.
- Para colorearla, coge una porción, échale unas gotas de tinte y mézclalo bien.
- Por último, deja secar la pieza al aire sobre una superficie plana para que no se deforme.

Haz una lámina con pasta de sal y recorta el árbol y las hojas.

Modela las frutas y las hojas y pégalas.

Deja secar en un lugar seco y plano.

Pinta con témpera y barniza.

Con luna o con sol, alegrará el salón...

Colgador de llaves

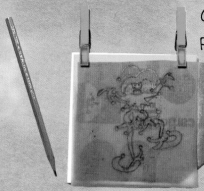

Con un papel calco, pasa un dibujo al baldosín.

Necesitarás:
- loseta de corcho
- pintura para porcelana en frío
- colgadores autoadhesivos
- cola de contacto
- baldosín
- papel calco
- lápiz
- cordón

Con pintura para porcelana en frío, rellena el dibujo.

Pégalo sobre la loseta de corcho con cola de contacto.

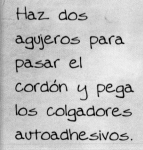

Haz dos agujeros para pasar el cordón y pega los colgadores autoadhesivos.

Para dejar las llaves de toda la familia.

Necesitarás:
- plastilina para horno (fimo)
- rodillo
- cuchillito

Haz una lámina de fimo y recorta la forma de la base.

Recorta las distintas letras.

Mezcla varios colores y amasa con el rodillo para crear textura de madera.

Una opción muy femenina.

SARA

Una vez montado el rótulo, mételo en el horno.

DANI

DANI

¡Para tu habitación!

Portavelas

Haz una lámina de cerámica y recorta los elementos.

Decora el cuerpo y la base de los portavelas con las bolitas y las barritas.

Una vez secos, pinta con témpera y barniza.

Pega el cuerpo a la base y haz bolitas y barritas.

¡Qué bonitos quedarán en la mesa de tu casa!

Imanes

Necesitarás:
- cerámica autoendurecible
- barniz y témpera
- imanes
- pegamento de contacto

Modela las figuritas con la cerámica.

Por la parte de atrás, pega unos imanes planos.

Una vez secas, píntalas con témpera.

Por último, acábalos con una mano de barniz.

77 Tarros decorados

Necesitarás:
- tarros de cristal
- tizas de colores
- cartulinas
- sal
- cinta adhesiva

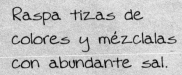

Raspa tizas de colores y mézclalas con abundante sal.

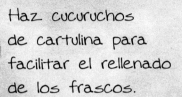

Haz cucuruchos de cartulina para facilitar el rellenado de los frascos.

Echa la sal de colores en distintas capas según tu gusto.

¡Crea atractivos diseños!

Con distintas capas de color, se pueden conseguir atractivos diseños.

78 Estuche de barajas

Necesitarás:
- cerámica autoendurecible
- témpera
- una carta
- cola blanca
- lija
- barniz

Haz una lámina de cerámica y corta las piezas de la caja.

Únelas con cola blanca y lija si hace falta.

Haz un reborde en la tapa para que encaje en la base.

Para tener a buen recaudo tu juego de naipes.

Para decorar: calca una carta, píntala con témpera y barniza.

Necesitarás:

- cerámica autoendurecible
- témpera
- flores secas
- cola blanca

Haz una lámina de cerámica y recorta un cuadrado.

Enróllalo dándole forma de cucurucho y déjalo secar.

Una vez seco, pinta con témpera unos motivos florales.

Mete en el cucurucho el ramillete elegido y pégalo con cola blanca.

Bonitas flores para un adorno muy particular.

Lámpara emplomada

Necesitarás:
- laca de bombillas
- emplomadura
- tulipa de cristal o metacrilato
- papel
- lápiz

Haz girar la tulipa sobre un papel para dibujar la forma y recorta.

Mete el papel en la tulipa y corta el sobrante. Dóblalo en ocho partes y haz el dibujo. Obtendrás un patrón.

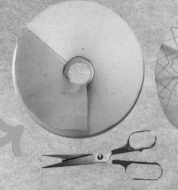

Mete el patrón por dentro y calca las líneas con la emplomadura.

Rellena los huecos con laca de bombillas de colores.

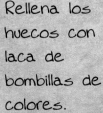

¡Qué luz más colorida!

81 Títere

Necesitarás:

- globos
- cola de empapelar
- plastilina
- pintura plástica
- témperas
- papel crespón
- hilo de bordar
- pegamento
- papel de periódico

Forra con tiras de papel de periódico encoladas dos globos pequeños y uno grande. Cuando esté seco, desínflalos.

Añade una nariz de plastilina y sigue pegando capas de papel.

Dales dos capas de pintura plástica blanca y una de témpera color carne.

Pinta los detalles de la cara con témpera y pégale bigotes y coleta de hilo.

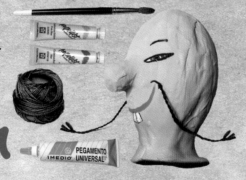

Corta el traje en papel crespón y ajústalo con tiras de papel pegadas.

¡Crea tu propia historia!

82 Collares de fimo

Haz bolitas con diversos colores y mézclalas entre sí.

Necesitarás:
- fimo
- cordones
- palillos

También puedes hacer una bola grande con varios colores y de ella sacar otras más pequeñas.

Haz agujeros a los abalorios con palillos, moviéndolos para que queden holgados.

¡Qué collares más chulis!

Saca los palillos y mételos en el horno. Monta el collar.

83 Posavasos

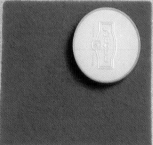

Usa una tapadera grande para dibujar círculos sobre los estropajos.

Necesitarás:
- estropajos de colores
- cola de contacto
- tapadera grande
- lápiz

Haz círculos de varios colores.

Dibuja y recorta las hojitas.

Pega las hojas a los círculos.

Unos posavasos muy simpáticos para tu hogar.

Necesitarás:

- cartulina
- papel charol
- tela
- fieltro
- cerámica autoendurecible
- varilla de madera
- témpera
- cola blanca
- lana
- cinta adhesiva

Recorta en cartulina, en charol y en tela, un cono.

Haz una bola de cerámica y pínchala en la varilla, cierra el cono y pégalo.

Pinta la cara en la bola y pégale lana a modo de pelo.

Cose los brazos de fieltro, pega el vestido al cono con cinta adhesiva y después forra el cono con charol.

Una marioneta bailarina para ti...

Cometa

Corta dos listones de 40 y 60 cm y lija las puntas.

Fija los listones en cruz y corta el papel; deja 3 cm para doblar.

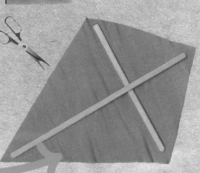

Dobla los bordes y decora el frente con trozos de papel.

Corta cuatro ángulos y pégalos. Pega también el dobladillo.

Fija dos trozos de cordón a las esquinas, a 30 cm sobre el cruce, y átalos.

Haz la cola con un cordón de 1,5 m y ponle un lazo cada 25 cm.

¡A volar la cometa!

Cuadro metalizado

Sobre una madera, haz un dibujo floral con distintas semillas y palitos.

Arruga papel de aluminio, estíralo y pégalo sobre el cuadro.

Echa polvo de talco y extiéndelo con un algodón para que penetre en los rincones.

Da betún de Judea y pasa un algodón antes de que se seque.

¡Ya tienes un cuadrito original y decorativo!

Da a la cajita dos manos de goma laca y déjala secar.

Necesitarás:

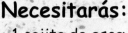

- 1 cajita de escayola
- goma laca
- alkyl
- pintura dorada
- betún de Judea
- trapo

Da una mano de pintura dorada y, cuando esté seca, dale una mano de alkyl.

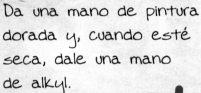

Aplica betún de Judea y retíralo con un trapo antes de que se seque.

Para recuperar parte del brillo, retoca las partes salientes con pintura dorada.

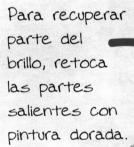

¡Una pieza de artesanía muy elegante!

88 Llaveros de madera

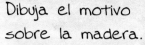

Dibuja el motivo sobre la madera.

Necesitarás:

- madera blanda de 5 mm
- papel de lija
- segueta
- engarce
- barniz sintético
- berbiquí
- témperas
- lápiz

Recorta, haz el agujero para pasar la anilla y lija los bordes.

Pinta con témpera la puerta, las ventanas y el techo.

Barniza y pon el engarce elegido.

89 Flores de papel

Necesitarás:

- papel de seda
- cola blanca
- varillas de madera
- carrete de hilo

Dobla un pliego de papel de seda en seis partes iguales, y luego cada una en diagonal tres veces más.

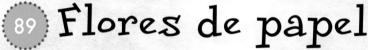

Abre los pétalos y pínchalos uno a uno en una varilla; echa una gota de cola en el centro.

Dibuja el borde de los pétalos y recórtalos.

Cierra los pétalos y átalos con un hilo. Forra el palo y abre los pétalos.

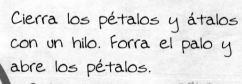

¡Un ramillete de brillantes colores!

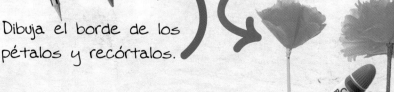

Cartel con payaso

Necesitarás:

- cartón de 2 mm
- gomaespuma de 2 mm
- espumilla rosa oscuro
- esfera de poliexpán de 5 cm
- témpera o acrílico rojo
- pegamento

Corta las piezas sobre gomaespuma.

11 cm

14 cm

24 cm

30 cm

Usa media esfera para la nariz y píntala de rojo.

Monta el cartel.

Corta esta pieza sobre cartón.

24 cm

35 cm

¡Feliz cumpleaños!

¡Ideal para colgar en tu fiesta de cumpleaños!

Sombrero mágico

Necesitarás:

- espuma de varios colores de 2 mm de espesor
- cartón de 2 mm de espesor
- rotulador indeleble negro
- cinta roja de 6 cm de ancho
- pegamento

Corta las piezas pequeñas en espuma de colores.

Dibuja y corta el cuerpo en cartón y espuma blanca.

28 cm

19 cm

Haz el montaje final pegando las partes correspondientes.

Corta las piezas del sombrero en espuma negra.

15 cm

54 cm

20 cm

Por último, decora con el rotulador.

Puedes utilizar el sombrero para llenarlo con palomitas. ¡Mmm!

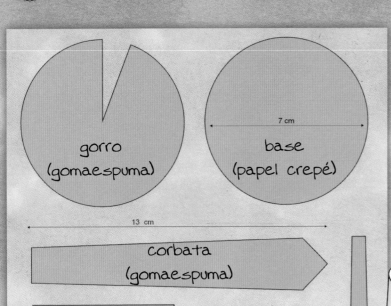

gorro
(gomaespuma)

base
(papel crepé)

7 cm

13 cm

corbata
(gomaespuma)

pajarita
(papel crepé)

pelo
(lana)

Necesitarás:

- 1 copa desechable
- lana amarilla
- gomaespuma de colores
- 1 esfera de poliexpán de 3,5 cm
- 1 esfera roja de 1 cm
- rotuladores indelebles
  negro, verde y rojo
- acrílicos
- papel crepé de colores
- pegamento

Quítale el pie
a la copa.

Pon el pelo
y el gorro.

Pinta la
cara y pega la
cabeza a la copa.

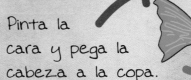

Haz la
pajarita y
la corbata.

Rellena de lacasitos
y pega la base.

En tu cumpleaños, puedes
regalárselo a tus amiguitos.

40 cm

40 cm

50 cm

50 cm

Necesitarás:

- cartón de 2 mm de espesor
- poliexpán de 2 cm
- gomaespuma de 2 mm de colores verde, azul, amarillo, rojo, gris y negro
- 1 palillo de madera de 6 cm de largo
- rotulador indeleble
- pegamento

Corta cada pieza en el material adecuado.

Sujeta la carpa con el palillo.

El soporte de la carpa es de cartón y poliexpán.

Todas las piezas de color se hacen en gomaespuma.

Remata el contorno con rotulador.

Forra una plancha de poliexpán con gomaespuma verde.

¡Qué escena más colorida!

Tarima de foca

Necesitarás:

- cajas de poliexpán con su correspondiente tapa
- gomaespuma de 2 mm de espesor de colores rojo, azul, verde y amarillo
- pegamento
- papel de lija

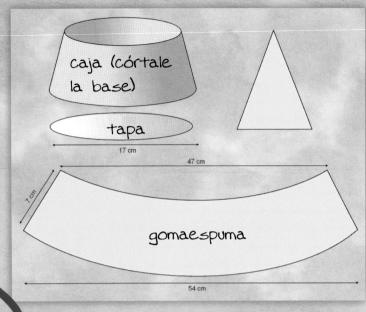

caja (córtale la base)

tapa

17 cm

47 cm

7 cm

gomaespuma

54 cm

10 cm

11 cm

Corta la foca en gomaespuma.

Pega la foca.

Forra la caja con la gomaespuma y pega los triángulos.

Corta la base del cuenco y lija las asperezas.

Pega la tapa para acabar la base.

¡Y llena de chuches será aún más atractiva!

Servilletero forzudo

Necesitarás:

- plancha de poliexpán de 5 mm
- cartón de 2 mm de espesor
- 2 esferas de poliexpán de 3,5 cm de diámetro
- rotulador negro
- témpera o acrílico negro
- gomaespuma de 2 mm de colores azul, beis y a rayas
- 2 varillas
- pegamento

2 piezas de cartón

2 piezas

× 4

9 cm

14 cm

2 piezas de gomaespuma

5.5 cm

× 2

10 cm

4,5 cm

Pega media esfera a cada lado de una varilla. Píntalas de negro. Pasa los dedos de espuma y pégalos.

Pega en cada brazo las muñequeras.

Pega cada pieza de gomaespuma en una de cartón.

Pega la camiseta y dibuja la cara.

Base: una pieza de poliexpán cubierta por otra de gomaespuma.

¡Y ahora tienes este divertido servilletero!

Piñata domador

Necesitarás:

- cuerpo: 1 esfera de 30 cm
- cabeza: 1 esfera de 20 cm
- nariz: 1 esfera de poliexpán de 4 cm
- orejas: 1 esfera de 8 cm
- 2 conos de poliexpán de 12 cm x 20 cm
- pliegos de papel crepé
- gomaespuma de 2 mm de colores negro, beis y blanco
- cinta dorada de 2 m x 4 cm de ancho
- rotulador indeleble negro
- palillos
- plancha de poliexpán
- cartón de 2 mm
- hilo
- papel de seda
- pegamento

Abre la esfera grande para poner las chuches.

Para cubrir la abertura, usa un círculo de cartón, papel de seda e hilo para luego tirar y abrirla.

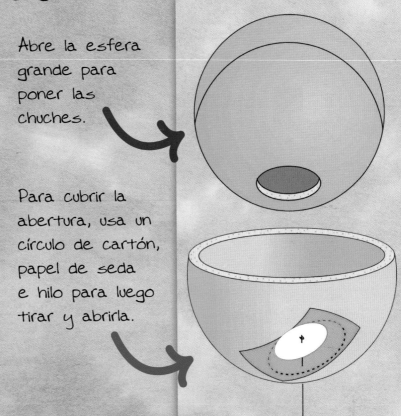

Piezas en gomaespuma.

forra la esfera con papel crepé blanco y coloca el frac.

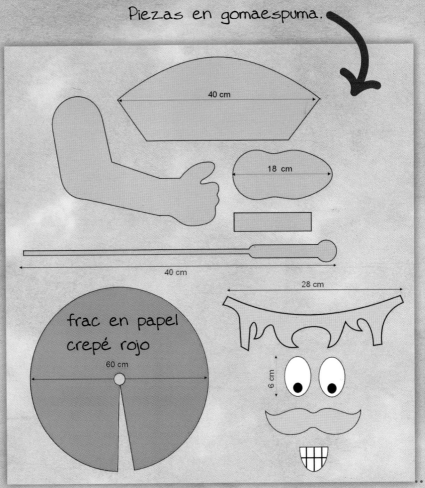

40 cm

18 cm

40 cm

28 cm

frac en papel crepé rojo

60 cm

6 cm

Cinta dorada.

Sombrero en gomaespuma.

Coloca las piezas de la cara.

Orejas: dos medias esferas de 8 cm de diámetro.

Con los palillos, une las diferentes partes.

Pajarita de papel crepé.

Pega la parte superior del cuerpo.

Rellena de chuches.

Forra con papel crepé los conos despuntados para las piernas.

Botas: una plancha de poliexpán forrada en gomaespuma.

¡Esta piñata será la sensación de tu fiesta!

Cartel escudo real

Necesitarás:

- gomaespuma roja
- 2 cuadrados 10 x 10 cm de gomaespuma azul y blanca
- 1 varilla redonda de madera de 46 x 1 cm diámetro
- 2 esferas de 4 cm
- papel autoadhesivo dorado y plateado
- letras doradas
- témpera o acrílico rojo
- 2 m de cordón amarillo
- pegamento

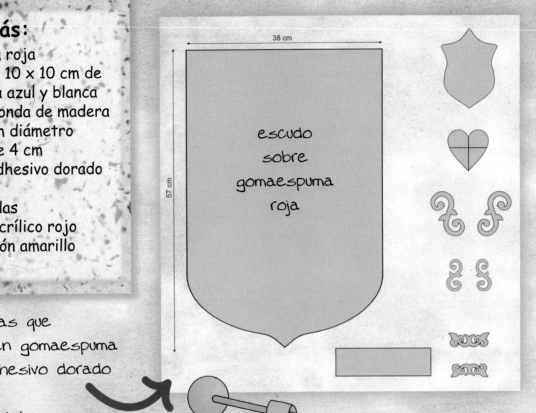

38 cm

escudo sobre gomaespuma roja

57 cm

Corta las piezas que correspondan en gomaespuma y papel autoadhesivo dorado y plateado.
Fíjate en el modelo.

¡Feliz cumpleaños!

Pega las piezas sobre la base.

Con letras doradas, puedes poner el lema.

Pinta las esferas y la varilla de rojo.
Pon los cordones.

¡Será como llegar a una fiesta en un lujoso palacio!

Cuencos coronas

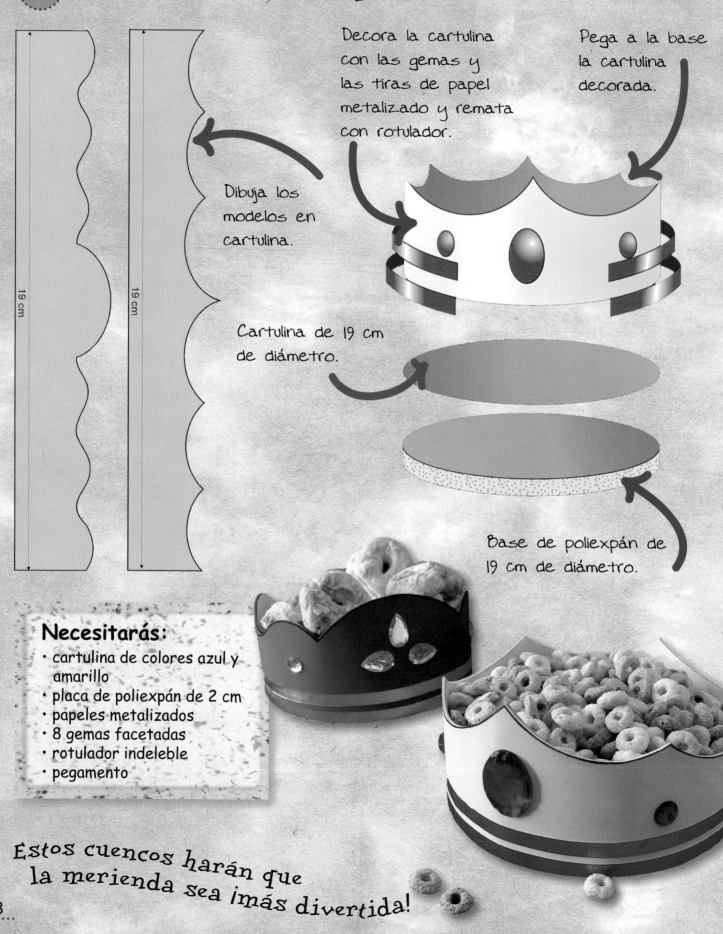

Decora la cartulina con las gemas y las tiras de papel metalizado y remata con rotulador.

Pega a la base la cartulina decorada.

Dibuja los modelos en cartulina.

19 cm

19 cm

Cartulina de 19 cm de diámetro.

Base de poliexpán de 19 cm de diámetro.

Necesitarás:
- cartulina de colores azul y amarillo
- placa de poliexpán de 2 cm
- papeles metalizados
- 8 gemas facetadas
- rotulador indeleble
- pegamento

Estos cuencos harán que la merienda sea ¡más divertida!

99 Brazaletes servilleteros

Necesitarás:
- pegamento universal
- cartón de 2 cm
- papeles autoadhesivos dorado y plateado
- gemas de colores variados

16 cm

5.5 cm

Corta distintos modelos en cartón y fórralos con papel autoadhesivo dorado o plateado.

Decora cada brazalete con diferentes gemas.

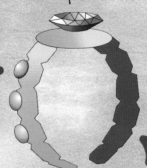

Cierra el brazalete y pégalo.

100 Elefante articulado

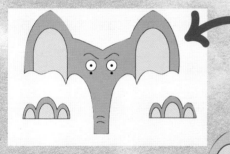

Recorta la espuma y la curtulina con esta forma. Dibuja los contornos con rotulador.

Necesitarás:
- 5 vasos de plástico (tamaño mediano)
- 20 cm de espuma recortable gris
- cartulina rosa
- rotulador indeleble
- hilo de algodón
- pintura acrílica gris
- pegamento

Une los vasos con un trozo de hilo.

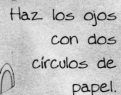

Pega las pezuñas sobre cada uno de los vasos.

Haz los ojos con dos círculos de papel.

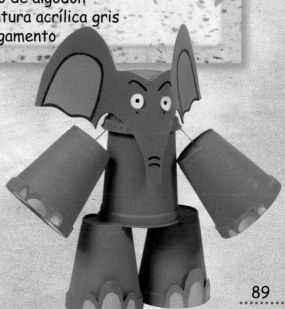

Perritos limusinas

Copia este dibujo y saca las
fotocopias que necesites:
dos para cada portaperritos.

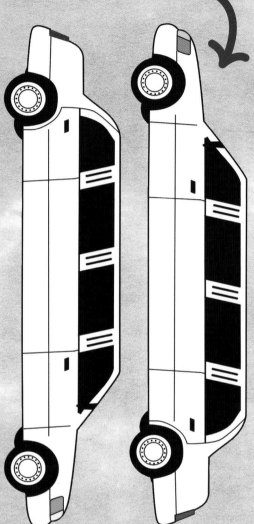

Pega las
fotocopias
sobre
cartulina.

Necesitarás:

- cartulina blanca
- poliexpán de 2 mm
- gomaespuma blanca de 2 mm
- 2 fotocopias en color del
  perfil de la limusina a su
  tamaño
- pegamento

Usa una plancha de poliexpán de
21 x 6,5 cm con los bordes
redondeados. Fórrala de gomaespuma
y pégala al coche a la altura
de las ruedas.

Piñata castillo

Necesitarás:

- placas de poliexpán de 2 cm de espesor
- 4 esferas de poliexpán de 2,5 cm de diámetro
- cartón de 2 mm de espesor
- gomaespuma rosa claro, rosa oscuro y roja
- papel de seda blanco o rosa
- purpurina dorada
- cola vinílica
- acrílico rojo y blanco
- rotulador indeleble fucsia
- cinta adhesiva de papel
- 5 hilos de algodón de 1 m

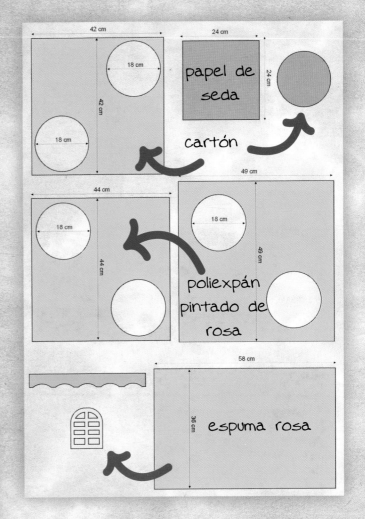

42 cm
18 cm
42 cm
18 cm
cartón

24 cm
papel de seda
24 cm

44 cm
18 cm
44 cm

49 cm
18 cm
49 cm
poliexpán pintado de rosa

58 cm
36 cm
espuma rosa

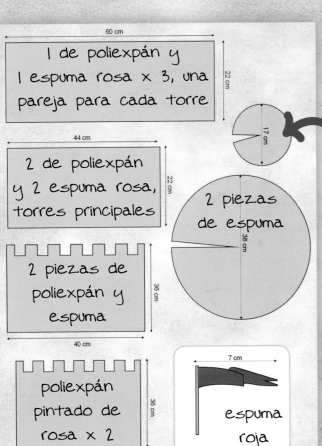

60 cm
1 de poliexpán y 1 espuma rosa x 3, una pareja para cada torre
22 cm

44 cm
2 de poliexpán y 2 espuma rosa, torres principales
22 cm

2 piezas de poliexpán y espuma
36 cm
40 cm

poliexpán pintado de rosa x 2
36 cm
36 cm

7 cm
espuma roja

17 cm
3 piezas de espuma

2 piezas de espuma
38 cm

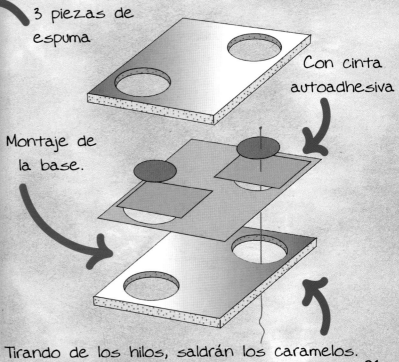

Con cinta autoadhesiva

Montaje de la base.

Tirando de los hilos, saldrán los caramelos.

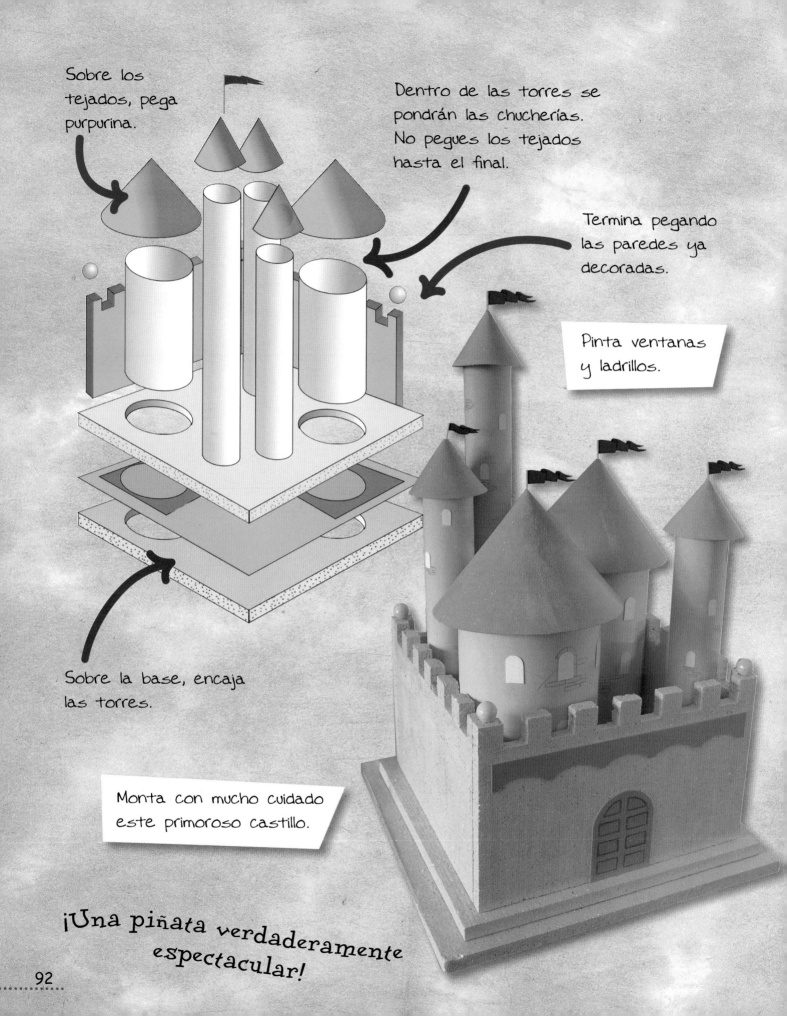

Sobre los
tejados, pega
purpurina.

Dentro de las torres se
pondrán las chucherías.
No pegues los tejados
hasta el final.

Termina pegando
las paredes ya
decoradas.

Pinta ventanas
y ladrillos.

Sobre la base, encaja
las torres.

Monta con mucho cuidado
este primoroso castillo.

¡Una piñata verdaderamente
espectacular!

Índice